Das

Seekriegsrecht

nach der

Londoner Deklaration

vom 26. Februar 1909.

Von

Dr. Theodor Niemeyer,

o. ö. Professor der Rechte an der Universität Kiel.

Berlin 1910.

J. Guttentag, Verlagsbuchhandlung,

G. m. b. H.

Die nachstehenden Darlegungen sind die Zusammenfassung zweier Vorträge, welche ich am 8. Januar d. Js. in der Juristischen Gesellschaft in Berlin, am 20. Januar in der Gesellschaft Hamburgischer Juristen gehalten habe. In dem ersteren stand die methodologische Betrachtung in Vordergrund, in letzterem der positive Inhalt des neuen Rechtes.

Die von mir als Referent bei der Jahresversammlung des Deutschen Nautischen Vereins 1905 und dann in einem Wiener Vortrag 1908 („Prinzipien des Seekriegsrechts") vertretenen Postulate haben im Haag und in London zu einem guten Teil Erfüllung gefunden; zum anderen Teil steht nun fest. daß sie fürs erste Aussicht auf staatsvertragliche Anerkennung nicht haben. Auch die Wissenschaft muß dies nunmehr zunächst gelten lassen und anstatt weitergehenden Forderungen nachzuhängen, sich in positiver Mitarbeit an der Ausgestaltung des neuen Rechtes betätigen

Kiel, 5. Februar 1910.

Th. Niemeyer.

I.

In unserer Zeit, in der man, um mit Bismarck zu sprechen, fürchten muß, daß eines Tages die Kanonen der Kriegsschiffe irgendwo von selbst losgehen, bieten die Probleme des Seekriegsrechtes ein Interesse, das nicht doktrinär genannt werden kann. Dieses Interesse wird gesteigert durch die Tatsachen, daß die Haager Friedenskonferenz von 1907 die Einsetzung eines internationalen Prisengerichts im Haag und die Vereinbarung einer internationalen Prisengerichtsordnung ins Auge gefaßt hat und daß die vom 4. Dezember 1908 bis zum 26. Februar 1909 in London versammelt gewesene Staatenkonferenz dazu gelangt ist, die immerhin schon sehr bemerkenswerten seekriegsrechtlichen Abmachungen der beiden Haager Friedenskonferenzen zu einer wirklichen Kodifikation des Seekriegsrechts zu erweitern.

Diese Tatsachen sind, wie man gestehen muß, angesichts des die Welt beherrschenden Rüstungsfiebers und inmitten der Häufung gewaltigster politischer Probleme, welche unserer Zeit das Gepräge gibt, höchst merkwürdig.

Es erscheint auf den ersten Blick geradezu befremdlich, daß die Seestaaten ihre kriegerische Aktionsfähigkeit gerade in dem Augenblicke beschneiden wollen, in welchem sie mehr als je dem Seekriege als einer in nächster Nähe drohenden Realität ins Angesicht blicken müssen. Merkwürdiger noch ist der Umstand, daß es gerade die Regierung Englands, daß es die größte Seemacht und zugleich die bisher völkerrechtlichen Vereinbarungen abgeneigteste Staatsregierung ist, welche neuerdings die Initiative zu der Kodifikation des Seekriegsrechtes ergriffen hat. Und alle Erwartungen übertreffend ist das Faktum, daß in London eine umfassende Seekriegsrechtsdeklaration im völligen Einverständnis der zehn Konferenzstaaten (Deutschland, Frankreich, Rußland, Österreich, Italien, Spanien, Holland, Japan, Amerika, England) ausgearbeitet und von den Delegationen dieser Staaten unterzeichnet ist.

Und trotz aller Bedenklichkeiten ist mit Sicherheit zu erwarten, daß die Konventionsentwürfe, welche am 18. Oktober 1907 im Haag und am 26. Februar 1909 in London unterzeichnet sind, ratifiziert und von einer so erheblichen Zahl von Staaten angenommen werden, daß ihre Geltung in künftigen Kriegen gewährleistet ist.*)

Wie dem aber auch sein möge. Der Wert und die innere Kraft der im Haag und in London durch die besten Sachverständigen der Welt in beispielloser Gemeinsamkeit und Intensität der Arbeit gewonnenen Ergebnisse sind groß genug, um ihnen die Bedeutung maßgebender Feststellungen über das, was heute der Natur der Sache, das heißt dem Gesamtinteresse der Staaten, entspricht und was in diesem Sinne gültiges Seekriegsrecht ist, zu sichern. Bezeichnet sich doch auch die Londoner Deklaration ganz ausdrücklich als Feststellung der allgemein anerkannten Regeln des internationalen Rechtes im Sinne des Art. 7 des Prisengerichtsabkommens vom 18. Oktober 1909.**)

Ohne Zweifel haben die seit 1907 stattgehabten Vorgänge auf dem Gebiete des Seekriegsrechts Beziehungen zu den großen politischen Wandlungen und Zukunftsperspektiven unserer Zeit, und nur im Zusammenhange mit diesen sind sie meines Erachtens ganz zu verstehen.

Darauf ist später zurückzukommen.

II.

Zunächst möchte ich die tatsächlichen Hergänge kurz berichten, wie sie sich seit 1899 vollzogen haben.

Schon die erste Friedenskonferenz hat sich mit seekriegsrechtlichen Fragen befaßt und ist einerseits zu einem (demnächst auch in Kraft getretenen) Abkommen gelangt, welches die Grundsätze der Genfer Konvention auf den Seekrieg anwendete,

*) Die S. 16 ff. näher bezeichneten seekriegsrechtlichen Konventionen sind, wie inzwischen bekannt geworden ist, am 27. November 1909 ratifiziert worden von Deutschland, Österreich-Ungarn, Dänemark, Mexiko; den Niederlanden, Salvador, ferner mit Ausnahme der XIII. von Großbritannien, mit Ausnahme der VIII. und XI. von Rußland, mit Ausnahme der VIII. und X. von Schweden, mit Ausnahme der VI., VII., VIII, XII. von den Vereinigten Staaten von Amerika. Die X. Konvention ist auch von Bolivia und China ratifiziert. Nur das Prisengerichtsabkommen ist bisher von keiner Seite ratifiziert (Februar 1910).

**) S. unten S. 12.

außerdem aber zu Resolutionen, welche zwei seekriegsrechtliche Gegenstände als Progammpunkte der zweiten Friedenskonferenz vorschlugen, nämlich die Unverletzlichkeit des Privateigentums und das Verbot der Beschießung offener Plätze.

Im Jahre 1907 setzte dann die russische Regierung auf das Programm der zweiten Friedenskonferenz die Ausarbeitung eines Abkommens über die Gesetze und Gebräuche des Seekriegsrechtes überhaupt, unter besonderer Hervorhebung der beiden 1899 ins Auge gefaßten Gegenstände sowie des Neutralitätsrechtes.

Bevor es im Haag zur Verhandlung dieses Programmes kam, wurde von Deutschland und von England jener aufsehenerregende Schritt getan, der von Mißtrauischen damals als nicht ernsthaft gemeinte Übertrumpfung des russischen Vorschlags mit dem Zwecke angesehen wurde, die weitgehenden Vorschläge Rußlands zu Fall zu bringen. Es war der Antrag auf Errichtung eines internationalen Oberprisengerichts, welchen Deutschland und England getrennt, unter Vorlegung zweier verschiedener Entwürfe einer Priseegerichtsordnung stellten. Dies war der für den ganzen weiteren Verlauf entscheidende Schritt.

Ich darf hierzu im Interesse historischer Feststellung bemerken: Die Idee, ein Oberprisengericht in Verbindung mit dem Haager Schiedshof zu errichten, ist im Februar 1905 durch eine Resolution der Berliner Hauptversammlung des Deutschen nautischen Vereins*) zur Geltung gebracht, indem dem deutschen Reichskanzler das Ersuchen unterbreitet wurde, auf den Abschluß entsprechender Staatsverträge hinzuwirken. Persönliche Beteiligung gibt mir fernerdas Recht, daraufhinzuweisen, daß jene Resolution aus Vorbesprechungen hervorgegangen ist, welche im Dezember 1904 in den Räumen der Hamburger Handelskammer stattfanden und bei welchen insbesondere der Handelskammersekretär Dr. Gütschow jenen Gedanken vertrat.

Die Forderung irgend eines internationalen Oberprisengerichts ist bekanntlich seit langem (zum ersten Mal wie es scheint 1759) oft und nachdrücklich, insbesondere seit 1875 durch die Arbeiten des Institut de droit international vertreten worden.

*) S. Drucksachen des Deutschen Nautischen Vereins 1905. Ich habe mich darüber (nachdem ich als Referent die Resolution eingebracht) näher in der Deutschen Juristenzeitung 1905 S. 331 geäußert.

Der deutsche und der englische Entwurf einer Prisengerichtsordnung gingen 1907 im einzelnen weit auseinander. Sie unterschieden sich insbesondere in folgendem:

Deutschland wollte nur bei Ausbruch eines Krieges und für die Dauer des jedesmaligen Krieges einen Oberprisenhof einsetzen. Derselbe sollte aus zwei, von den Kriegführenden ernannten Admiralen und drei anderen Mitgliedern bestehen, die von neutralen Mächten, welche die Kriegführenden zu bezeichnen hätten, ernannt werden sollten.

Der englische Vorschlag dagegen bezog sich auf einen ständigen Gerichtshof, dessen Richterzahl dadurch bestimmt sein sollte, daß jeder Seestaat, dessen Handelsflotte mehr als 800 000 Tonnen umfasse, einen Richter und einen Hilfsrichter ernennen sollte. Diese Richter sollten Rechtsverständige sein.

Der deutsche Entwurf enthielt sorgfältig ausgearbeitete Bestimmungen über das Verfahren, über das anzuwendende Recht nichts.

Der englische Entwurf gab nur ganz kurze Vorschriften über das Verfahren. Über das anzuwendende Recht aber bestimmte er, daß in erster Linie die zwischen den streitenden Teilen geltenden Staatsverträge, in zweiter Linie diejenigen Rechtsgrundsätze maßgebend sein sollten, über welche alle zivilisierten Nationen einig seien, in letzter Linie, (so heißt es wörtlich): Les principes du droit international.

Der auf diese Weise in die Wege geleitete Gedanke internationaler Prisengerichtsbarkeit fand, wie man sich erinnern wird, in der öffentlichen Meinung aller Länder lebhaften Widerhall und wurde dadurch auch bei den Konferenzbeteiligten entschieden gestärkt.

Die Delegationen der Antragstaaten traten zunächst mit den Delegationen von Frankreich und den Vereinigten Staaten von Amerika in Verbindung, und überraschend schnell ward eine Einigung erzielt, deren Ergebnis in allem wesentlichen in Gestalt des Prisengerichtsabkommens vom 18. Oktober 1907 von den meisten Konferenzstaaten angenommen wurde.

Die förmliche Unterzeichnung des Abkommens wurde von 31 der 44 Konferenzstaaten vorgenommen.

Das Abkommen will einen Oberprisenhof mit fünfzehn Richtern einsetzen, von denen sieben abwechselnd von den kleineren Staaten in bestimmtem Turnus ernannt werden, acht dagegen ständig sein sollen. Diese acht sollen von den Großstaaten Deutschland, Amerika, Österreich-Ungarn, Frankreich, England, Italien, Japan, Rußland ernannt werden.

Nebenbei bemerkt hat die Besetzungsfrage unverhältnismäßige Schwierigkeiten gemacht. Die kleineren Staaten, welche sich auf das — unhaltbare! — alte Dogma der Gleichheit aller Staaten beriefen, haben sich durch die ihnen angesonnene Minderbeteiligung bei der Richterernennung zurückgesetzt gefühlt und deswegen teils die Unterzeichnung des Abkommens versagt, teils dieselbe unter Vorbehalt dieses Punktes gegeben.*).

III.

Auf den Inhalt der Prisengerichtskonvention näher einzugehen, liegt außerhalb der hier zu verfolgenden Aufgabe.

Nur einen Punkt von grundsätzlicher Bedeutung möchte ich hier berühren, einen Punkt, welcher nicht 1907 im Haag, sondern erst auf der Londoner Konferenz zur Sprache gekommen ist und für welchen dort eine zwar eigentümliche, aber wie es scheint doch befriedigende Lösung gefunden ist. Es handelt sich um ein verfassungsrechtliches Bedenken der Bundesregierung der Vereinigten Staaten von Amerika, welche nicht zulassen zu dürfen glaubte, daß Gerichtssprüche ihrer Staaten durch irgend eine Instanz umgestoßen würden.

Auf Antrag der Vereinigten Staaten von Amerika ist deswegen in das Schlußprotokoll der Londoner Konferenz folgende Erklärung aufgenommen:

„Die Delegierten der Mächte, die auf der Londoner Seekriegsrechtskonferenz vertreten sind und das Haager Abkommen vom 18. Oktober 1907 über die Errichtung eines Internationalen Prisenhofs unterzeichnet oder die Absicht, es zu unterzeichnen, ausgesprochen haben, sind in Anbetracht der verfassungsrechtlichen Schwierigkeiten, die für gewisse Staaten der Ratifikation dieses Abkommens in seiner gegenwärtigen Form entgegenstehen, darin einig, ihren Regierungen darzulegen, welchen Vor-

*) Chile, Cuba, Ecuador, Guatemala, Haiti, Persien, Salvador, Siam, Türkei, Uruguay haben mit Vorbehalt unterzeichnet. — Nicht gezeichnet haben: Brasilien, China, Dominicanische Republik, Griechenland, Luxemburg, Montenegro, Nikaragua, Rumänien, Serbien, Venezuela, England, Rußland, Japan.

teil der Abschluß einer Vereinbarung bieten würde, auf Grund deren diese Staaten befugt wären, bei der Hinterlegung ihrer Ratifikationsurkunden den Vorbehalt zu machen, daß das Recht, den Internationalen Prisenhof gegenüber den Entscheidungen ihrer nationalen Gerichte anzurufen, in der Form einer unmittelbaren Klage auf Schadenersatz geltend zu machen ist; vorausgesetzt wird jedoch, daß dieser Vorbehalt nicht die Wirkung hat, die durch das bezeichnete Abkommen den Privatpersonen oder ihren Regierungen gewährleisteten Rechte zu beeinträchtigen, und daß die Fassung des Vorbehalts den Gegenstand einer weiteren Übereinkunft zwischen den Signaturmächten dieses Abkommens bildet."

Die Fassung darf man wohl als orakelhaft bezeichnen und auch die Verhandlungsprotokolle stellen zunächst den Sinn nicht ganz klar. Doch ist im Ergebnis folgendes zweifellos:

Die in London versammelten Delegierten werden ihren Regierungen vorschlagen, demnächst die Vereinbarung eines Zusatzabkommens zu dem Haager Prisengerichtsabkommen herbeizuführen. Durch dieses Zusatzabkommen soll wahlweise neben dem regelmäßigen Rechtsmittel des Rekurses an das Oberprisengericht ein anderes Verfahren gestellt werden (in London wurde es gelegentlich „enquête de novo" genannt), dessen Pointe darin bestehen soll, daß der Haager Prisenhof den Prisenspruch des Vorderrichters nicht formell aufhebt. Das Oberprisengericht läßt ihm formell seine Rechtskraft; aber der Oberprisenhof kann auf Schadenersatz zu Gunsten desjenigen erkennen, der in der Vorinstanz unterlegen ist. Also wenn der Vorderrichter eine Prise kondemniert hat, so bleibt die Prise verfallen; aber wenn das Oberprisengericht zu dem Ergebnis kommt, daß die Kaptur nach den maßgeblichen internationalrechtlichen Grundsätzen ungerechtfertigt war, spricht es dem Geschädigten Schadenersatz zu.

Der Berichterstatter in London für diese wie schließlich für alle übrigen Fragen der Konferenz war der hochverdiente Pariser Rechtslehrer und Justitiar des Auswärtigen Amtes Louis Renault. Er bezeichnete den Sinn des in Rede stehenden Verfahrens folgendermaßen: „Il s'agit d'une autre forme d'atteindre le même but; au lieu d'annuler une décision la Cour internationale prononcera une indemnité."

Für diejenige Seite der Konvention, die uns hier beschäftigen soll, hat dieser an und für sich recht wichtige Punkt mindere Bedeutung. Denn das, worauf es ankommt, ist der Beruf des Haager Oberprisengerichts, als Regulator des Seekriegsrechtes zu wirken. Für diese Funktion ist es gleichgültig, ob seine Sprüche die nationalen Prisensprüche formell aufheben oder nur dadurch entkräften, daß sie gegebenen Falls dem Sieger der Vorinstanz Schadensersatz auferlegen.

Das Wesentliche in der Funktion des geplanten Oberprisengerichts beruht in der Abschreckung von künftiger Wiederholung des durch seine Sprüche gemißbilligten und mit nachteiligen Folgen ausgestatteten Verhaltens. Rechtsbildung durch Generalprävention ist das Wesen seiner Tätigkeit. Die Meinung in London war, wie es scheint, die, daß einzelnen Staaten, also namentlich Amerika, welche nur die „enquête de novo" auf Schadensersatz für akzeptabel hielten, zusätzlich zu den Haager Konventionen stipulieren könnten, daß die Prisensprüche, die in ihrem Gebiete ergingen, nur dieser Art von Revision unterliegen würden. Indessen es wäre ja möglich und dürfte manches für sich haben, daß ganz allgemein die Entscheidungen des Oberprisengerichts nur auf Schadensersatz abgestellt werden, entsprechend dem Grundsatz des römischen Zivilprozesses: „Omnis condemnatio pecuniaria est."

Die Staaten werden sich über diesen Punkt leicht einigen, nachdem sie über die große schwierige Frage hinweg gekommen sind, ob nicht die Zulassung eines internationalen Gerichtshofs unverträglich sei mit der Souveränität der Staaten, eine Frage, welche Perels noch 1903 zu der Bemerkung veranlaßte, daß die auf internationale Prisengerichte gerichteten Wünsche in absehbarer Zeit keine Aussicht auf Erfüllung hätten.*)

In der Tat wird ja die Einrichtung dieses ersten wirklich internationalen Tribunals den gewaltigsten prinzipiellen Entwickelungsschritt bedeuten, welchen überhaupt jemals das Völkerrecht getan hat, einen Fortschritt, der nicht nur an sich von unschätzbarem, praktischem Werte ist, sondern der auch durch die Kraft des Vorbildes weitere Fortschritte erzeugen muß. Namentlich die Ausdehnung seines Prinzipes auf den Landkrieg liegt so nahe, daß man dieselbe im Haag schon als selbstverständlich bezeichnet hat.

---

*) Perels, Das internationale öffentliche Seerecht. II. Aufl. 1903. S. 302.

IV.

Zunächst ist dem Zustandekommen des Entwurfes einer Prisengerichtskonvention eine gewisse Stockung gefolgt, ein allgemeines Stutzen und vor allem ein Zurückziehen der anfangs in sichere Aussicht gestellten Beteiligung Englands an dem Prisengerichtsabkommen.

Die englischen Bedenken knüpften an Art. 7 des Entwurfes an.

Die Blankett-Klausel, mit welcher der englische Vorschlag (ob unbesonnen oder mit tiefster Absichtlichkeit, läßt sich heute noch nicht feststellen) den Oberprisenhof hinsichtlich des anzuwendenden Rechtes ganz allgemein auf „les principes du droit international" verweisen wollte, wurde in der schließlich von der Konferenzmajorität akzeptierten Fassung durch eine andere Formel ersetzt, und zwar in dem vorher schon erwähnten berühmten Artikel 7, welcher lautet:

> „Ist die zu entscheidende Rechtsfrage vorgesehen in einem in Geltung befindlichen Abkommen zwischen der nehmenden Kriegsmacht und der Macht, die selbst oder von der ein Angehöriger Prozeßpartei ist, so richtet sich der Prisenhof nach den Bestimmungen dieses Abkommens".

Das ist die selbstverständliche Anerkennung des völkerrechtlichen Vertragsprinzipes.

Aber nun fährt Artikel 7 fort:

> „In Ermangelung solcher Bestimmungen wendet der Prisenhof die Regeln des internationalen Rechtes an. Wenn allgemein anerkannte Regeln nicht bestehen, so entscheidet das Gericht nach den allgemeinen Grundsätzen der Gerechtigkeit und der Billigkeit".

Der maßgebliche französische Text, den ich wegen der Wichtigkeit der Formulierung mitteile, lautet:

> „A défaut de telles stipulations la Cour applique les règles du droit international. Si des règles généralement reconnues n'existent pas, la Cour statue d'après les principes généraux de la justice et de l'équité".

Diese Vorschriften sind meines Erachtens das Wichtigste, was 1907 im Haag beschlossen ist.

Sie enthalten den Archimedischen Punkt, von dem aus das Oberprisengericht das Seekriegsrecht in seinen obersten

Grundsätzen und in allen Einzelheiten zu gestalten berufen und befähigt wird.

Eben diese Tragweite der Vorschrift mußte aber natürlich zu der Frage führen, ob die Seestaaten in der Lage seien, sich in solchem Umfange der Weisheit und Gerechtigkeit eines in der Hauptsache lediglich nach freiem Ermessen richtenden, dabei aber doch allen Menschlichkeiten unterworfenen Gerichtshofes anzuvertrauen.

Diese Frage hat vor allem die englische Regierung entschieden verneint. Sie hielt und hält den derzeitigen Stand des positiven Seekriegsrechtes mit vollem Recht für ganz unsicher und ungenügend und für nicht im Einklang mit den besonderen Interessen Englands stehend. Sie hat darum die Haager Prisengerichtskonvention nicht gezeichnet und zunächst eine Revision und Reform des materiellen Seekriegsrechtes gefordert.

Diese Forderung hat Gestalt gewonnen durch das im Februar 1908 erfolgte Vorgehen der englischen Regierung, welche unter ausdrücklichem Hinweis auf Art. 7 des Prisengerichtsentwurfes die Anregung zu der Londoner Seekriegskonferenz gab und deren Zustandekommen mit Energie betrieb.

V.

Bevor ich auf die Konferenz näher eingehe, möchte ich den Stand des positiven Seekriegsrechtes, so wie er im Jahre 1907 war, ganz kurz darstellen. Dabei sehe ich von den Konventionen einzelner Staaten (wie z. B. dem wichtigen deutsch-amerikanischen Vertrage von 1828*) ab und berücksichtige nur diejenigen Seekriegsrechtsnormen, welche für eine größere Zahl von Staaten Geltung haben.

Die Inventarisierung ist sehr einfach. Denn es kommt (außer der 1899 festgesetzten Ausdehnung der Genfer Konvention auf den Seekrieg) bis 1907 schlechterdings nichts anderes in Betracht, als die vier bekannten Sätze der Pariser Seerechtsdeklaration von 1856, deren Inhalt sich folgendermaßen wiedergeben läßt:

1. Das Seebeuterecht gegenüber allem feindlichen Privateigentum, außer wenn dieses auf neutralem Schiffe verladen ist,

---

**) S. darüber Verhandlungen des Deutschen Nautischen Vereins 1905.

ist anerkannt. Dasselbe darf aber nicht durch Privatschiffe (Kaper) ausgeübt werden.

2. Das Recht der Kriegskonterbande bleibt bestehen, wie es bisher geübt ist.

3. Blokaden müssen effektiv sein.

Man kann meines Erachtens den Wert der Deklaration in ihrem positiven Inhalt nur als recht gering bezeichnen. Sie gibt im einzelnen herzlich wenig. Direktor Ecker von der Amerika-Linie hatte ganz Recht, als er vor einigen Jahren in einer damals sehr beachteten Publikation sagte, die Völkerrechtslehrer hätten keine Ursache, auf dieses Werk der Diplomatie von 1856 stolz zu sein.

In der Tat wird die Willkür der Kriegführenden durch die Pariser Deklaration mehr sanktioniert als beschränkt; und was an der Deklaration seiner Zeit wertvoll war, ist zum Teil heute veraltet.

Letzteres gilt insbesondere von dem Satz der Deklaration: „La course est et demeure abolie“, welcher seinerzeit mit ganz besonderer Emphase verkündet und begrüßt wurde. Dieser Satz ist heute zu völliger Bedeutungslosigkeit herabgesunken. „Privateers“ in altem Sinne auszurüsten, fällt heute keiner großen Seemacht mehr ein. Freilich sollen die Burenstaaten 1901 mit amerikanischen Kapitänen wegen der Ausstellung von Kaperbriefen verhandelt haben. Da sie der Pariser Deklaration nicht beigetreten sind, ebensowenig wie die Vereinigten Staaten, so hätte völkerrechtlich einem afrikanisch-englischen Kaperfeldzug nichts entgegengestanden. Aber wie dem auch sei; für die großen Seestaaten erledigt sich heute das Verbot der Privatkaperei durch die Verwendung der großen Seedampfer als sogenannte Hilfskreuzer. Diese Verwendung wird notorisch überall im großen Maßstabe vorbereitet und ist 1907 im Haag durch ein besonderes, fast von allen Konferenzstaaten unterzeichnetes Abkommen über die Umwandlung von Kauffahrteischiffen in Kriegsschiffe feierlichst gutgeheißen.

Was die Grundsätze der Pariser Deklaration zum Schutze der neutralen Flagge und der neutralen Ladung betrifft, so sind sie ja programmatisch wertvoll, obwohl sie eigentlich selbstverständlich sind und nur als Reaktion gegen die unerhörten Kriegswillkürlichkeiten der früheren Zeit bemerkenswert sind, in deren

Erinnerung 1856 die Welt noch nachzitterte. Aber die Schranken, welche jene Grundsätze im Prinzip zum Schutz der Neutralen aufrichten, sind von einer klaffenden Lücke durchbrochen, einer Lücke, welche die Kriegführenden so breit ausweiten können, wie es ihnen paßt. Diese Lücke ist das Kriegskonterbanderecht, dessen überlieferte Willkürlichkeit durch die Pariser Deklaration in aller Form sanktioniert ist, indem den Kriegführenden das Recht zugesprochen wird, auf ihre Kriegskonterbandeliste zu setzen, was sie wollen. Man hat dieses Recht theoretisch bestritten. Aber man kann doch nicht leugnen, daß tatsächlich die Kriegführenden, wie seit je, so bis heute in freiester Wahl bestimmen, was sie als Kriegskonterbande behandeln wollen. In einzelnen Fällen hat ja zwar extravaganter Mißbrauch zu erfolgreichen politischen Vorstellungen geführt. Das beweist aber nichts dagegen, sondern dafür, daß das Willkürrecht an und für sich gilt.

Von ganz besonderer Bedeutung ist, daß auf dem Boden der Pariser Deklaration Lebensmittel für Kriegskonterbande erklärt werden können, was in dem französisch-chinesischen Kriege von 1885 durch das französiche Verbot der Reiseinfuhr nach China zu positiver Anwendung gekommen ist. Das französische Verhalten ist aus den damaligen Diskussionen siegreich hervorgegangen. — Auf eine Anfrage der Hamburger Kaufmannschaft ist auch vom deutschen Reichskanzler damals amtlich bestätigt worden, daß die Kriegführenden souverän zu bestimmen hätten, was für sie Kriegskonterbande sei.

Es liegt auf der Hand, daß dieser Rechtszustand für alle Länder unbequem ist, welche ihre Lebensmittel über See beziehen müssen, so daß man begreift, wenn England ein internationales Oberprisengericht auf der Grundlage dieses Rechtszustandes nicht hat akzeptieren wollen.

Ich komme darauf noch zurück.

Was endlich den letzten Satz der Pariser Deklaration angeht, der die Effektivität der Blokade fordert, so ist er ein Messer ohne Griff und Klinge, da er weder sagt, worin der Tatbestand des Blokadebruches, noch worin dessen Rechtsfolge besteht.

Eine Folge dieser Unbestimmtheit ist die von Amerika ersonnene berüchtigte Theorie der fortgesetzten Reise (in Wahrheit mehr eine Praxis als eine Theorie!) dahin gehend, daß die bloße

Absicht des Blokadebruches, und auch der längst vollführte Blokadebruch die Wegnahme neutraler Schiffe und Ladungen unter dem Gesichtspunkt des Blokadebruchs rechtfertigt, auch wenn die Wegnahme weltenweit von der Blokadelinie entfernt erfolgt.

Daß auch diese Seite des unter dem Zeichen der Pariser Deklaration bestehenden Rechtszustandes unbefriedigend und selbst für die stärksten Seestaaten im Falle ihrer Neutralität nicht akzeptabel ist, ist klar.

Man begreift nach alle diesem, daß Artikel 7 der Haager Prisengerichtskonvention das Bedürfnis der kodifikatorischen Reform zu gebieterischer Geltung bringen und diese zur Voraussetzung des Prisengerichtsabkommens erheben mußte.

VI.

Einige wichtige Fortschritte auch des materiellen Seekriegsrechtes sind ja nun gleichzeitig mit der Prisengerichtsordnung von 1907 durch die zweite Haager Friedenskonferenz angebahnt.

Von den 14 Konventionsentwürfen*) beziehen sich 8 auf das Seekriegsrecht.

Sehen wir von der Prisengerichtsordnung ab, so läßt sich der Inhalt wie folgt skizzieren:

Die sechste Konvention gibt den zur Zeit des Kriegsbeginnes auf Fahrt oder in einem feindlichen Hafen befindlichen Schiffen und Waren eine Schonungsfrist, den Kriegführenden aber für alle Fälle das Recht der Anhaltung und Expropriation.

Die siebente Konvention stellt die Umwandlung von Handelsschiffen in Kriegsschiffe unter Regeln, welche die Deutlichkeit des Vorganges gewährleisten.

Konvention VIII beschränkt den Gebrauch der Minen im Interesse der friedlichen Schiffahrt.

Konvention IX beschränkt die Beschießung offener Plätze durch Seestreitkräfte.

Konvention X enthält eine Revision der schon 1899 beschlossenen Anwendung der Grundsätze der Genfer Konvention auf den Seekrieg.

---

*) Über deren neuerdings teilweise erfolgte Ratifikation s. oben S. 6.

Die elfte Konvention beschränkt das Durchsuchungs- und Beschlagnahmerecht der Kriegführenden in bezug auf Briefsendungen, Küstenfischerei und humanistische Expeditionen. Ferner wird die Freigabe neutraler Besatzungen weggenommener Kauffahrteischiffe bestimmt.

Die dreizehnte Konvention regelt einige Rechte und Pflichten der Neutralen. Sie bestimmt namentlich:

1. Unzulässigkeit der Unternehmung von Feindseligkeiten in neutralen Gewässern, wozu auch Ausübung des Durchsuchungs- und Wegnahmerechtes und Bildung von Prisengerichten gerechnet wird.

2. Verbot der Lieferung von Kriegsmaterial von seiten eines neutralen Staates (nicht auch von seiten der Staatsangehörigen) an einen Kriegführenden.

3. Verpflichtung der Neutralen, die Ausrüstung und das Auslaufen von Kriegsschiffen für Kriegführende in ihrem Gebiete zu verhindern (eine der für die Alabama-Claims 1871 aufgestellten „Regeln von Washington!“)

4. Freiheit der Neutralen, den Kriegsschiffen Kriegführender den Aufenthalt in ihren Gewässern zu gestatten, zu versagen oder zu beschränken, jedoch Verpflichtung gleichmäßiger Behandlung beider Parteien und die Forderung gesetzlicher Festlegung der von den Neutralen beliebten Grundsätze, soweit diese abweichen von den in der Konvention bestimmten, in Ermangelung abweichender Gesetzesbestimmungen der Neutralen geltenden Grundsätzen. Diese letzeren sind: Kriegsschiffe dürfen in neutralen Gewässern in der Regel nur 24 Stunden verweilen, darüber hinaus wegen Havarie und „état de la mer“; es dürfen nicht mehr als drei Kriegschiffe gleichzeitig verweilen.

Außerdem bestimmt die Konvention: Zwischen dem Ablaufen von Kriegsschiffen beider Parteien aus neutralen Häfen und Reeden muß ein Zeitraum von mindestens 24 Stunden liegen; Reparaturen, Munitions- und Besatzungsergänzung sowie Kohleneinnahme sind in neutralen Gewässern nur beschränkt gestattet; durch die bloße Passage von Kriegschiffen und Prisen Kriegführender durch neutrales Küstenmeer wird die Neutralität nicht verletzt; neutrale Staaten dürfen zulassen, daß Kriegführende sich ihrer patentierten Lotsen bedienen.

Man sieht, die wichtigsten Fragen des Seekriegsrechtes werden durch diese Konventionsentwürfe nicht berührt.

Das Recht der Kriegskonterbande und der Blokade, sowie andere Grundfragen des Neutralitätsrechtes zur See sind im Haag 1907 nicht behandelt worden.

Aus dieser Lage ergab sich die Aufgabe der Londoner Konferenz von selbst.

Das Programm, welches die britische Regierung der Einladung beifügte, umfaßte 8 Punkte. Es fehlte darin vollkommen das Seebeuterecht, und man wird in diesem Umstande und in der Tatsache, daß die Konferenz in ihren fast dreimonatlichen Verhandlungen diesen Punkt kaum berührt hat, die Bestätigung dafür erkennen, daß die führenden Seemächte das Seebeuterecht nicht glauben entbehren zu können, und daß wir von der Unverletzlichkeit des Privateigentums zur See heute weiter entfernt sind als je. Das Seebeuterecht wird freilich durch die elfte Konvention in einem gewissen Maße eingeschränkt. Doch bedeutet diese Einschränkung nur ein Begräbnis zweiter Klasse für die das Seebeuterecht betreffende Resolution der ersten Haager Konferenz.

VII.

Auf dem britischen Programm standen folgende Punkte:

1. Konterbande, mit Einschluß: der Umstände, unter denen die verschiedenen Gegenstände als Konterbande angesehen werden können, der Strafen für ihre Beförderung, der Befreiung eines unter Geleit befindlichen Schiffes von der Durchsuchung sowie der Regeln über Schadenersatz, wenn sich nach Beschlagnahme der Schiffe ergibt, daß sie tatsächlich nur unschuldige Ladung befördert haben;

2. Blokade, mit Einschluß der Frage, an welchem Orte die Beschlagnahme erfolgen kann, sowie der Bekanntgabe, die erforderlich ist, bevor ein Schiff beschlagnahmt werden kann;

3. die Lehre von der einheitlichen Reise (voyage continu) in Ansehung sowohl der Konterbande wie der Blokade;

4. die Rechtmäßigkeit der Zerstörung neutraler Schiffe vor ihrer Aburteilung durch ein Prisengericht;

5. die Regeln in betreff neutraler Schiffe und Personen, die neutralitätswidrige Dienste (assistance hostile) leisten;

6. die Regeln in betreff des Überganges von Kauffahrteischiffen von einer kriegführenden zu einer neutralen Flagge während der Dauer oder in Voraussicht von Feindseligkeiten.

Diese 6 Punkte sind durch die Deklaration vom 26. Februar 1909 zur Regelung gelangt.

Über zwei weitere Punkte, welche das Programm umfaßte, ist keine Einigung erzielt, nämlich über die folgenden:

a) die Rechtmäßigkeit der Umwandlung eines Kauffahrteischiffes in ein Kriegsschiff auf hoher See,

b) die Frage, ob die Staatsangehörigkeit oder der Wohnsitz des Eigentümers bei der Entscheidung, ob Schiff oder Ladung feindliches Eigentum ist, als das ausschlaggebende Merkmal angesehen werden soll.

In der ersten dieser beiden Fragen, blieben namentlich englische und kontinentale Interessen unvermittelt gegenübergestellt. England will die Umwandlung auf hoher See nicht zulassen, während die Mächte, welche wenige auswärtige Seestationen aber eine große Handelsflotte haben, die Zulassung der Umwandlung auf hoher See wünschen.

Auch in der Frage: Domizil oder Staatsangehörigkeit? stand England (mit Japan) den Kontinentalstaaten gegenüber.

VIII.

Die positiven Ergebnisse der Londoner Konferenz sind zu inhaltvoll und weitreichend, als daß sie im Rahmen dieser Erörterung auch nur einigermaßen erschöpfend wiedergegeben, geschweige erläutert und gewürdigt werden könnten. Indessen soll doch eine Darlegung des wichtigsten Inhaltes versucht werden, unter absichtlicher Beiseitelassung der Einzelheiten und unter Hervorhebung des völkerrechtspolitisch Bedeutsamen.

Die ersten 64 Artikel der Deklaration behandeln in 9 Kapiteln folgende Materien: 1. Blokade. 2. Kriegskonterbande. 3. Neutralitätswidrige Unterstützung. 4. Zerstörung neutraler Prisen. 5. Flaggenwechsel. 6. Feindliche Eigenschaft. 7. Geleit. 8. Widerstand gegen die Durchsuchung. 9. Schadenersatz. — Eine Einleitung und die Schlußbestimmungen (Art. 65 bis 71) enthalten die allgemeine Motivierung der Deklaration sowie Bestimmungen über deren Ratifikation, Geltungsart und Geltungsdauer.

Wenn wir zunächst die vier ersten Kapitel beiseite lassen, welche die wichtigsten und umfangreichsten sind, so gruppiert der Rest (im ganzen 10 Artikel) sich so: Kapitel 5 und 6 geben Bestimmungen über die Kriterien feindlicher oder neutraler Eigenschaft von Schiff und Ladung und zwar mit (nicht ausgesprochener, aber zweifelloser) Beziehung auf das Seebeuterecht, dessen Objekte hier in bestimmter Richtung abgegrenzt werden. Die Kapitel 7 bis 9 enthalten gewisse ohne Unterscheidung der verschiedenen Fälle der Schiffskaptur geltende, die Voraussetzungen, das Verfahren und die Rechtsfolgen der Beschlagnahme allgemein regelnde Bestimmungen (Ausschluß der Beschlagnahme im Falle des convoi, Beschlagnahme bei gewaltsamen Widerstand, Schadenersatz für ungerechtfertigte Beschlagnahme). Näher einzugehen auf diese Bestimmungen (— von denen mir diejenigen über das Geleitrecht als besonders glücklich und verkehrsberuhigend erscheinen —) muß ich mir versagen.

Auch hinsichtlich des vierten Kapitels muß ich, trotz seiner Wichtigkeit, mich mit der kurzen Bemerkung begnügen, daß die Zerstörung neutraler Prisen (— Fall der Thea im ostasiatischen Krieg! —) anstatt der Abführung in einen Hafen für zulässig erklärt wird, wenn die Wegführung „das Kriegsschiff einer Gefahr aussetzen oder den Erfolg der Operationen, worin es begriffen ist, beeinträchtigen könnte“. („Si l'observation etc. peut compromettre la sécurité du bâtiment de guerre ou le succès des opérations dans lesquelles celui-ci est actuellement engagé)“. Die an Bord befindlichen Personen müssen in Sicherheit gebracht werden.

In rückschreitender Folge die Betrachtung der Deklaration fortsetzend unterziehen wir auch das dritte Kapitel nur einer raschen Betrachtung.

Stichwort und Überschrift für dieses Kapitel ist „assistance hostile“, womit dasjenige bezeichnet wird, was in der Völkerrechtsliteratur vielfach unter dem ungeschickten Namen „Quasi-Konterbande“, „analoge“ oder „uneigentliche Konterbande“ (besser: „unneutral services“) geht, das heißt die Tätigkeit neutraler Schiffe für eine Kriegspartei, insbesondere durch Transport von Truppen und Nachrichten. Die Deklaration hat hier im einzelnen ganz neue Gesichtspunkte zur Geltung gebracht, namentlich zwei Grade von Neutralitätswidrigkeit mit unterschiedlichen Rechtsfolgen geschaffen, je nachdem das Schiff in seiner Totalität oder nur partiell den Feind unterstützt. Im ganzen sind die Grenzen in einer der Freiheit der Neutralen günstigen Weise gezogen. Soweit aber „assistance hostile“ angenommen wird, wird diese als Delikt behandelt, was einerseits in dem Gesichtspunkt der als Strafe gedachten Beschlagnahme (oder auch Zerstörung), andererseits darin praktisch hervortritt, daß bona fides des Schiffseigners bezw. des Kapitäns die Kaptur ausschließt.

IX.

Die bei weitem wichtigsten Kapitel der Deklaration sind die beiden ersten.

Das erste Kapitel, welches das Blokaderecht behandelt, stellt, wie in dem Weißbuch vom 30. November 1909 mit Recht gesagt wird, eine wirkliche Kodifikation des Gegenstandes dar, deren Hauptgrundsätze die folgenden sind:

Blokaden stehen unter den Kriterien strikter Effektivität und außerdem der Notifikation.

Der Blokadebruch (d. h. die Durchbrechung einer effektiven Blokade) wird grundsätzlich als Delikt behandelt. Sein Tatbestand ist durch (wirkliche oder präsumierte) Kenntnis der Blokade bedingt. Rechtsfolge des Blokadebruches ist Einziehung des Schiffes. Die Ladung ist frei, wenn der Befrachter nachweist, daß er die Absicht des Blokadebruches nicht kannte.

Die Theorie der fortgesetzten Reise ist für das Gebiet des Blokaderechtes völlig abgelehnt, und darin liegt eine der wesentlichsten Früchte der Londoner Konferenz, welche damit einem seit dem amerikanischen Sezessionskrieg, namentlich im Anschluß an den Springbok-Fall, von amerikanischer Seite vertretenen (auch noch im Naval War Code von 1900,*) Art. 44, sanktionierten) Mißbrauch ein Ziel gesetzt hat (Art. 17, 19).

Wohl das Wichtigste der Deklaration ist die in dem zweiten Kapitel enthaltene Regelung der Kriegskonterbande.

---

*) Siehe unten S. 30.

Die Grundlage dieser Regelung bilden folgende drei Listen von Gegenständen, nämlich:

a) der absoluten Konterbande,

b) der relativen Konterbande,

c) der freien Gegenstände.

a) Absolute Konterbande. (Art. 22).

1. Waffen jeder Art, mit Einschluß der Jagdwaffen, und ihre als solche kenntlichen Bestandteile;
2. Geschosse, Kartuschen und Patronen jeder Art sowie ihre als solche kenntlichen Bestandteile;
3. Schießpulver und Sprengstoffe, die besonders für den Krieg bestimmt sind;
4. Lafetten, Munitionswagen, Protzen, Proviantwagen, Feldschmieden und ihre als solche kenntlichen Bestandteile;
5. militärische als solche kenntliche Kleidungs- und Ausrüstungsstücke;
6. militärisches als solches kenntliches Geschirr jeder Art;
7. für den Krieg benutzbare Reit-, Zug- und Lasttiere;
8. Lagergerät und seine als solche kenntlichen Bestandteile;
9. Panzerplatten;
10. Kriegsschiffe und sonstige Kriegsfahrzeuge sowie solche Bestandteile, die nach ihrer besonderen Beschaffenheit nur auf einem Kriegsfahrzeuge benutzt werden können;
11. Werkzeuge und Vorrichtungen, die ausschließlich zur Anfertigung von Kriegsmaterial oder zur Anfertigung und Ausbesserunng von Waffen und von Landkriegs- oder Seekriegsmaterial hergestellt sind.

b) Relative Konterbande.*) (Art. 24.)

1. Lebensmittel;
2. Furage und zur Viehfütterung geeignete Körnerfrüchte;
3. für militärische Zwecke geeignete Kleidungsstücke, Kleidungsstoffe und Schuhwerk;
4. Gold und Silber, geprägt und in Barren, sowie Papiergeld;
5. Schiffe, Boote und Fahrzeuge jeder Art, Schwimmdocks und Vorrichtungen für Trockendocks sowie ihre Bestandteile;

---

*) Die Gegenstände, deren Einstellung in diese Listen besonders bedeutsam erscheint, sind im folgenden gesperrt gedruckt.

7. festes oder rollendes Eisenbahnmaterial, Telegraphen-, Funkentelegraphen und Telephonmaterial;
8. Luftschiffe und Flugmaschinen, ihre als solche kenntlichen Bestandteile sowie Zubehörstücke, Gegenstände und Stoffe, die erkennbar zur Luftschiffahrt oder zu Flugzwecken dienen sollen;
9. Feuerungsmaterial und Schmierstoffe;
10. Schießpulver und Sprengstoffe, die nicht besonders für den Krieg bestimmt sind;
11. Stacheldraht sowie die zu dessen Befestigung und Zerschneidung dienenden Werkzeuge;
12. Hufeisen und Hufschmiedegerät;
13. Geschirr und Sattelzeug;
14. Doppelgläser, Ferngläser, Chronometer und nautische Instrumente aller Art.

c) die sogenannte Freiliste.

A) Als Kriegskonterbande können die nachstehenden Gegenstände nicht erklärt werden:

1. Rohbaumwolle, Rohwolle, Rohseide, rohe Jute, roher Flachs, roher Hanf und andere Rohstoffe der Textilindustrie sowie die daraus gesponnenen Garne;
2. ölhaltige Nüsse und Sämereien, Kopra;
3. Kautschuk, Harz, Gummi und Lack, Hopfen;
4. rohe Felle, Hörner, Knochen und Elfenbein:
5. natürlicher und künstlicher Dünger, mit Einschluß der für die Landwirtschaft verwendbaren Nitrate und Phosphate;
6. Erze;
7. Erde, Ton, Kalk, Kreide, Steine mit Einschluß des Marmors, Ziegelsteine, Schiefer und Dachziegel;
8. Porzellan- und Glaswaren;
9. Papier und die zu seiner Herstellung zubereiteten Stoffe;
10. Seife, Farbe mit Einschluß der ausschließlich zu ihrer Herstellung bestimmten Materialien, und Firnis;
11. Chlorkalk, Soda, Aetznatron, schwefelsaures Natron in Kuchen, Ammoniak, schwefelsaures Ammoniak und Kupfervitriol;
12. Maschinen für Landwirtschaft, für Bergbau, für Textilindustrie und für Buchdruckerei;
13. Edelsteine, Halbedelsteine, Perlen, Perlmutter und Korallen;

14. Turm- und Wanduhren, Standuhren und Taschenuhren außer Chronometern;
15. Mode- und Galanteriewaren;
16. Federn jeder Art, Haare und Borsten;
17. Gegenstände zur Wohnungseinrichtung und zum Wohnungsschmucke; Bureaumöbel und Bureaubedarf. (Art. 28.)

B) Als Kriegskonterbande können ferner nicht angesehen werden:

1. Gegenstände und Stoffe, die ausschließlich zur Pflege der Kranken und Verwundeten dienen;
2. Gegenstände und Stoffe, die zum Gebrauche des Schiffes, wo sie vorgefunden werden, oder zum Gebrauche der Besatzung oder der Passagiere dieses Schiffes während der Reise bestimmt sind. (Art. 29.)

C) Gegenstände und Stoffe, die für kriegerische Zwecke nicht verwendbar sind, können nicht als Kriegskonterbande erklärt werden. (Art. 27.)

Die Tragweite der Freiliste ist ohne weiteres klar und ihr Inhalt fast selbstverständlich. Praktisch wichtig ist nach den Erfahrungen der letzten Kriege namentlich die Freigabe der Bekleidungs-Rohstoffe und Halbfabrikate (Art. 28 Nr. 1) und diejenige der Düngmittel (Art. 28 Nr. 5), von denen namentlich Chili-Salpeter infolge Verwechselung mit Sprengstoffsalpeter und Fischguano infolge Verwechselung mit Fischmehl gelegentlich als Kriegskonterbande behandelt worden ist.

Der Wert der Konterbandelisten (a und b) wird stark dadurch beeinträchtigt, daß sie von den Kriegführenden ergänzt werden können. Die Ergänzung muß in bestimmter Form bekannt gemacht werden. Sie kann aber auch während des Krieges erfolgen. Man wird dieses Maß von Elastizität des Kriegskonterbandenbegriffes bedauern, aber man wird begreifen müssen, daß ohne diese Elastizität die Mächte sich schwerlich geeinigt hätten. Die Entwickelung der Technik und der Erfindungsgeist der Kriegführung bringt oft Überraschungen. Man denke z. B. an die Verwendung von Stacheldraht im Burenkriege und die dagegen erfolgte Ausrüstung der englischen Truppen mit Kneifzangen, wodurch plötzlich Stacheldraht und Kneifzangen zur Kriegskonterbande wurden.

Der Unterschied von absoluter und relativer Kriegskonterbande in der Rechtsfolge besteht vor allem in folgendem:

1. Die Gegenstände der absoluten Konterbande unterliegen der Beschlagnahme, wenn bewiesen wird, daß ihre Bestimmmung das feindliche oder vom Feinde besetzte Gebiet oder die feindliche Streitmacht ist. (Es macht keinen Unterschied, ob die Zuführung dieser Gegenstände unmittelbar erfolgt, oder ob sie noch eine Umladung oder eine Beförderung zu Lande erfordert.) (Art. 30).

2. Die Gegenstände der relativen Konterbande unterliegen der Beschlagnahme, wenn bewiesen wird, daß sie für den Gebrauch der Streitmacht oder der Verwaltungsstellen des feindlichen Staates bestimmt sind. (Art. 33.)

Diese Bestimmung der relativen Kriegskonterbande wird aber vermutet, wenn die Sendung an die feindlichen Behörden oder an einen im feindlichen Lande ansässigen Händler gerichtet ist, von dem es feststeht, daß er dem Feinde Gegenstände und Stoffe dieser Art liefert. Das gleiche gilt für eine Sendung, die nach einem befestigten Platze des Feindes oder nach einem anderen der feindlichen Streitmacht als Basis dienenden Platze bestimmt ist; diese Vermutung findet jedoch keine Anwendung auf das Kauffahrteischiff selbst, das nach einem dieser Plätze fährt und dessen Eigenschaft als Konterbande bewiesen werden soll. (Art. 34).

Treffen die vorstehenden Vermutungen nicht zu, so wird vermutet, daß die Bestimmung unschädlich ist.

Aus diesen Bestimmungen ergibt sich, daß z. B. Getreide, das während eines von England geführten Krieges nach England unterwegs ist, nicht als Kriegskonterbande behandelt werden darf, es sei denn, daß die Sendung an englische Behörden oder an solche Händler gerichtet ist, welche als Armee- oder Marinelieferanten bekannt sind.

Die Tragweite dieses Momentes ist bedeutend und vielleicht für das Zustandekommen der ganzen Deklaration entscheidend gewesen.

Was die Theorie der fortgesetzten Reise betrifft, deren Beseitigung auch für die Kriegskonterbande einem ebenso oft lebhaft befürworteten als bekämpften Postulat der liberalen Völkerrechtsrichtung entspricht, so hat die Londoner Deklaration hier einen Mittelweg eingeschlagen:

Die Theorie der fortgesetzten Reise ist (Art. 30) für die absolute Konterbande anerkannt, dagegen für die relative Konterbande (Art. 35) abgelehnt, ausgenommen im Krieg mit reinen Binnenstaaten (Art. 36).

Also Waffen und Panzerplatten, welche während eines japanisch-russischen Krieges von Deutschland nach Japan gehen, sind (als absolute Konterbande) auch dann der Wegnahme ausgesetzt, wenn das Schift, das die Ladung führt, Segelorder nach Hongkong hat. Rußland kann die Sendung schon in der Nordsee wegnehmen. Entsprechendes gilt von amerikanischen Werkzeugen und Maschinen der Waffenfabrikation, welche während eines englisch-deutschen Krieges für Deutschland bestimmt sind, aber in Triest, Genua, Le Havre, Antwerpen oder Amsterdam gelöscht werden und dann über Land nach Deutschland gehen sollen. England könnte die Ladung sofort nach ihrer Abreise von New-York abfangen. Ferner würden in einem italienisch-abessinischen Kriege die von Holland nach Dschibuti gehenden und für Abessinien bestimmten Patronen — Fall Doelwijk 1896! — der italienischen Kaptur auf der ganzen Seereise unterliegen.

Relative Konterbande, z. B. amerikanisches Eisenbahnmaterial (Art. 24 Nr. 7), würde auf dem Wege über Dschibuti nach Abessinien anders behandelt werden, als auf dem Wege über Hongkong nach Japan, weil Abessinien keine Seegrenzen hat. Im ersteren Fall dürfte der Kriegsgegner Abessiniens das Eisenbahnmaterial auf dem ganzen Wege von New-York nach Dschibuti wegnehmen, wenn die Sendung für den abessinischen Staat bestimmt ist. Im letzteren Fall müßte Rußland als Kriegsgegner Japans das Eisenbahnmaterial unangefochten nach Hongkong gehen lassen und dürfte das Material nur fortnehmen, während es zwischen Hongkong und Japan schwimmt.

Man wird in dieser Art der Regelung einen Verständigungsmodus erblicken müssen, welcher Kriegsräson und Kriegsmanier in ein annehmbares Verhältnis setzt.

Die Führung von Konterbande wird von der Deklaration als Delikt behandelt. Die Konterbande unterliegt der Einziehung. Auch der Schiffseigentümer wird durch Einziehung des Schiffes gestraft, wenn mehr als die Hälfte der Ladung Konterbande ist (Art. 40). Der Schiffseigentümer wird aber, auch wenn die Einziehung auf die Waren beschränkt wird, durch Tragung der Kosten des Prisenverfahrens bestraft (Art. 41).

X.

Angesichts der Realitäten eines Seekrieges auf der einen Seite und der weitgehenden Einschränkungen, welche die Londoner Deklaration ebenso wie die Haager Abmachungen von 1907 der Willkür der Kriegführenden setzen wollen, stellt sich — für den Fall der Ratifikation, den wir voraussetzen — von selbst die Frage ein:

Werden die papierenen Ergebnisse diplomatischer Verständigung über das Seekriegsrecht sich wirksam erweisen, gegenüber den unerbittlichen Gewalten, welche ein künftiger Seekrieg entfesseln muß, in einem Kampf auf Leben und Tod, in welchem Nationen um ihre höchsten Güter, und Weltstaaten um ihre Existenz ringen; in welchem doch nur ein einziges Gebot vernünftigerweise Geltung zu haben scheint, das Gebot der Selbsterhaltung, identisch mit der Rücksichtslosigkeit bis aufs Messer?

Diese, wenn ich so sagen darf, naive Frage ist in solchem Grade berechtigt, daß man geradezu sagen kann: Sie deckt sich in der Hauptsache mit der Fragestellung, welche die Völkerrechtswissenschaft gegenüber den Ergebnissen der Londoner Seekriegsrechtskonferenz anzuwenden hat.

Auch die Wissenschaft des Völkerrechts hat in erster Linie nach der Vernünftigkeit, der Durchführbarkeit, der Realität desjenigen zu fragen, was — von irgend einer Seite, sei es in der Form des Dogmas, sei es in der Form von Prisengerichtsurteilen, sei es in der Gestalt des staatsvertraglichen Willens — als Seekriegsrecht präsentiert wird.

Ich weiß nicht, wie vielen und wie starken Widerspruch dieser Standpunkt finden wird. Ich muß damit rechnen, daß mir entgegengehalten wird, die Völkerrechtswissenschaft habe ganz andere Aufgaben, als die Prüfung der Durchführbarkeit der Völkerrechtsnormen. Sie habe diese Normen lediglich nach dem Maßstabe immanenter Gerechtigkeit festzustellen und der Praxis zu überlassen, wie diese damit fertig werde.

Dieser transzendentalen Auffassung setze ich die These entgegen: Völkerrechtsregeln, die nicht durchführbar sind, sind nicht Völkerrecht. Recht ist, was gilt. Solange Rechtsregeln nur auf dem Papier stehen, ist ihr Inhalt tot. Die Praxis (womit natürlich nicht nur die juristische Praxis, geschweige die Prozeßinstanz gemeint ist), das Rechtsleben entscheidet, was Recht ist; ob das, was mit der Bestimmung gesetzt ist, Recht zu werden, auch wirklich Recht wird.

Diese Realitätsthese führt in bezug auf das Seekriegsrecht zu der Behauptung, daß nur das im Kriege wirklich Durchführbare als Recht zu setzen, und als Recht zu lehren ist.

Ich bekenne mich als fanatischen Prediger des von Hugo Grotius gelegentlich geäußerten Satzes: Omnia licere in bello, quae necessaria sunt ad finem belli. Ich halte es für gewiß und unabänderlich, daß, so lange es Seekriege gibt, jeder kriegführende Staat alles tun wird, alles tun muß, was nötig ist, um den Kriegszweck zu erreichen, das heißt, um den Gegner sich zu Willen zu machen. Durch keine völkerrechtliche Norm, ob gewohnheitsrechtlich, ob staatsvertraglich aufgestellt, wird der Kriegführende sich hiervon abhalten lassen können und dürfen. Kein Seebefehlshaber wird Bedenken tragen dürfen, sich über völkerrechtliche Vorschriften hinwegzusetzen, wenn er dadurch eine Schlacht gewinnen oder sich einer Situation entziehen kann, die ihn der sicheren Niederlage überliefert. Und auch Kriegsvorteile geringeren Grades können so gewichtig sein, daß man ihre Wahrnehmung als necessarium ad finem belli wird gelten lassen müssen. Und wenn eine der beiden Parteien mit der Hintansetzung sonst anerkannter Völkerrechtsregeln begonnen hat, so wird man der Gegenpartei die Retorsion als necessarium ad finem belli zugestehen müssen.

Wenn man das Prinzip der Kriegsräson (so kann man ja die Regel des Hugo Grotius nennen) proklamiert, so muß man darüber klar sein, daß damit nicht Recht gelehrt, sondern die Grenze des Rechts festgestellt wird. Und unzweifelhaft birgt diese Proklamierung Gefahren in sich. Diese Gefahren können aber die Wissenschaft ebensowenig veranlassen, von der Realität dieser Dinge die Augen zu verschließen, als etwa die praktischen Gefahren der mißverstandenen deterministischen Lehre den deterministischen Kriminalisten bestimmen dürften, den Indeterminismus zu bekennen.

Die Aufgabe der Wissenschaft ist es, in klarer Erkenntnis der Realität der Kriegsräson die Grenze zu finden, bis zu welcher die necessitas belli in Wahrheit reicht.

Wir haben zu ermitteln, welche Brutalitäten des Krieges zwecklos und vermeidbar, also nicht necessaria ad finem belli sind. Wir haben zu erkennen und zu lehren, welche moderamina der Kriegführung das wohlverstandene eigene Interesse der Kriegführenden zuläßt und gebietet. Wir haben ferner die Mittel zu suchen, durch welche die Kriegsräson eingeschränkt und gegen sie ebenbürtige Realitäten zur Geltung gebracht werden können, Realitäten, welche die Kriegführenden zwingen, in ihrem wohlverstandenen eigenen Interesse die Härte der Kriegführung einzuschränken.

Damit ist die doppelte Aufgabe aller Rechtswissenschaft auch für das Seekriegsrecht formuliert. Sie besteht, in Feststellung des historisch gewordenen und Findung des rechtspolitisch gebotenen Rechtes. Ich darf hervorheben, daß das Problem der Rechtsfindung in Gestalt konkreter Rechtsentscheidungen in dieser Formulierung einbegriffen ist, da diese Rechtsfindung sich methodisch mit der Rechtspolitik deckt. Das Haager Oberprisengericht wird Rechtsfragen, die im positiven Rechte nicht vorgesehen sind, so entscheiden müssen, wie sie ein auf der höchsten Warte der Wissenschaft stehender Gesetzgeber entscheiden würde, also wenn man dem Hugo Grotius folgt, gemäß dem Leitsatz: Omnia licere in bello, quae necessaria sunt ad finem wobei dann aber freilich nicht alles als necessarium erscheinen wird, was in dem Aktionshorizont eines Seebefehlshabers vielleicht wie ein necessarium aussah.

So klar und feststehend und unabhängig von dem Stand des positiven Völkerrechts nun aber auch die bezeichneten Grundzüge der Methode sich darstellen, so wandelbar, entwickelungsbedürftig, gänzlich abhängig von der Staatenpolitik und dem Fortschritt der allgemeinen Kultur, so unzulänglich ist andererseits die Wissenschaft auf dem Gebiete des positiven Seekriegsrechtes. Und man muß bekennen: die Ärmlichkeit des hier bisher vorhandenen positiven Stoffes, oder besser gesagt, der fast nur negative Bestand des geltenden Rechtes hat eine Wissenschaft des positiven Seekriegsrechtes überhaupt noch nicht zur Entstehung kommen lassen.

Die Praxis der Seestaaten seit der Pariser Deklaration hat die Unzulänglichkeit der Deklaration evident gemacht, obwohl es ja nur verhältnismäßig wenige Seekriege gegeben hat, die dafür Material geliefert haben.

Der amerikanische Sezessionskrieg mit der Alabamafrage, sowie der amerikanisch-spanische Krieg scheiden aus, weil Amerika und Spanien der Pariser Deklaration nicht beigetreten sind (die übrigens tatsächlich nichts getan haben, was mit der Deklaration in Widerspruch gestanden hätte).

Der deutsch-französische Krieg hat sich ohne eigentlichen Seekrieg abgespielt.

Die bekannten Episoden des Burenkrieges (namentlich die Fälle der deutschen Dampfer „Bundesrat" und „General") und dann der ostasiatische Krieg mit der Doggerbank-Affäre und den famosen japanischen Prisensprüchen sind das belangreichste, was die seekriegsrechtliche Praxis an kontradiktorischem Material für die Handhabung der Pariser Deklaration geliefert hat. Außerdem kommen nur die einseitigen Proklamationen der kriegführenden und der neutralen Staaten in Betracht, Prisenreglements, Neutralitätserklärungen, die englischen foreign enlistment acts und die sehr merkwürdige Kodifikation des Seekriegsrechtes, welche unter dem Namen Naval War Code von 1900 bis 1904 in den Vereinigten Staaten in Kraft gewesen ist.

All dieses Material hat aber nicht positives internationales Recht erzeugt, sondern nur die Insuffizienz der Pariser Deklaration dargetan.

Dem entspricht der Stand der Wissenschaft im Gebiet des Seekriegsrechtes.

Der Werdegang und das Sein des bisherigen Rechtes war keine Aufgabe, an welcher sich ernste und methodische wissenschaftliche Arbeit historischer oder dogmatischer Art bewähren konnte. Nicht daß es an literarischer Produktion gefehlt hätte. Die Literatur des Seekriegsrechtes, namentlich in französischer und englischer Sprache, vor und nach 1856, ist umfangreich genug. Aber sie beschränkt sich, soweit sie nicht Forderungen de jure constituendo betrifft, naturgemäß auf die Kommentierung der paar bekannten Sätze; und auch die besten Spezialisten des Seekriegsrechtes, wie Cauchy, Ortolan, Geßner, Kleen, Boeck und unser ausgezeichneter Perels, konnten de jure quod est unmöglich weiter kommen; denn jenseits der engen Grenzen des positiven Rechtes lag nicht etwa unbeackertes Gebiet, erstreckten sich nicht etwa Rechtsprovinzen, die der wissenschaftlichen Besitznahme harrten. Nein, jenseits der Grenze des geltenden positiven internationalen Rechtes lag hart angepreßt das positive innerstaatliche Recht, das souveräne Selbstbestimmungsrecht jedes einzelnen Staates, es im Seekrieg mit dem Recht zu halten, wie es ihm beliebte, oder milder gesagt, so wie er die necessaria ad finem belli verstand.

Bei dieser Sachlage war es jedem ehrlichen Forscher unmöglich gemacht, die bekannte juristische Operation auszuführen, welche unter dem Namen der Rechtsfeststellung oder Rechtsauslegung freie Rechtsschöpfung treibt. Die offenbare Wirklichkeit der Dinge, die unverschleierte Herrschaft der rohen Macht, schlossen eine Umwechselung der lex lata und der lex ferenda auf diesem Gebiete völlig aus. Die obersten Prinzipien des Rechtes, welche in jeder innerstaatlichen Rechtsordnung auch dort gelten, wo sie nicht ausdrücklich sanktioniert sind, gelten im Kriege nicht. Der Hinweis auf die Natur der Sache, auf das richtige Recht, auf Treu und Glauben und die Verkehrssitte, und wie sie alle lauten, die Generalklauseln, durch welche der Richter zum Rang des Gesetzgebers erhoben wird, sie fallen hier fort.

Mag man für das internationale Staatenverhältnis im Frieden die Geltung entsprechender oberster Grundsätze behaupten — wie es meines Erachtens heute geschehen kann und muß —, für den Krieg läßt sich diese Geltung nicht in Anspruch nehmen, so lange nicht die Staaten sich zu diesem Grundsatz positiv bekennen, das heißt durch Staatenkonsens — die nach meiner Überzeugung einzige Grundlage alles Völkerrechtes — jene allgemeinsten Grundlagen rechtlicher Gemeinschaft auch auf den Krieg ausdehnen werden. Das ist bisher nicht der Fall gewesen. Es ist sicherlich nicht der Fall gewesen in bezug auf den Seekrieg. Vielmehr liegen hier umgekehrt in der Pariser Deklaration und ihrer tatsächlichen Handhabung staatliche Willensäußerungen vor, durch welche für den Seekrieg die Nichtgeltung der obersten Prinzipien rechtlicher Ordnung, das Nichtbestehen einer allgemeinen Rechtsgemeinschaft in deutlichster Weise statuiert wird.

Dies wird anders werden in dem Augenblick, in welchem Artikel 7 der Haager Prisengerichskonvention und der Oberprisenhof in Kraft tritt. Dann ist die Geburtsstunde nicht nur für das positive Seekriegsrecht der Haager Konventionen und der Londoner Deklaration gekommen, sondern auch für die in dem Amt der Haager Oberprisenrichter und in der Mission der Völkerrechtswissenschaft gleichmäßig liegende Aufgabe, richtige Deutung und richtige Fortentwickelung jenes Rechtes nach den obersten Grundsätzen alles Rechtes zu schaffen.

Zur Erfüllung dieser Aufgabe gehört nun aber vor allen Dingen eins: der Glaube an ihre Erfüllbarkeit. Weder die Haager Oberprisenrichter noch die Völkerrechtstheoretiker werden ohne die Überzeugung von der inneren Richtigkeit des gesetzten Rechtes, das sie auszulegen haben, und von der Durchführbarkeit des ungeschriebenen Rechtes, das sie zu suchen haben, ihre Aufgabe wirklich lösen. So gering wie ihr eigenes Vertrauen in das Recht, würde das Vertrauen der Rechtsuchenden in ihre Rechtsprechung sein. Innere Hohlheit müßte bald zum Zusammenbruch des Haager Prisengerichts und der neuen Seekriegsrechts-Kodifikation führen.

Es ist darum nicht politische Neugierde und müßiges Gedankenspiel, sondern unumgängliche Voraussetzung für das richtige Verständnis und jede förderliche Beschäftigung mit dem neuen Seekriegsrecht, daß man sich die vorhin aufgeworfene Frage beantwortet, ob dieses neue Recht Realität haben wird.

Die Frage ist nach meiner tiefsten Überzeugung nur zu bejahen, wenn und soweit das neue Recht dem wohlverstandenen Interesse eines jeden beteiligten Staates entspricht.

XI.

Es unterliegt für mich nicht dem leisesten Zweifel, daß es nur Interessenerwägungen sind, welche die Haager und die Londoner Konferenzstaaten zu ihren Arbeiten und Beschlüssen vermocht haben. Mögen die einzelnen Delegierten mehr oder weniger von allgemeinen Humanitätsidealen erfüllt und von dem Gedanken der Weltverbesserung getragen gewesen sein. Ihre einzelnen Anträge und ihre Abstimmungen waren zweifellos durch

Politik diktiert. Ihr Augenmerk war sicher darauf gerichtet, ein Werk zu schaffen, das der Allgemeinheit zum Vorteil, zugleich aber ihrem eigenen Lande nicht zum Nachteil gereiche. Daß im Widerstreit der Interessen der verschiedenen Staaten und Staatengruppen ein ehrliches Kompromiß geschlossen, die Diagonale des Parallelogramms gefunden ist, dies ist für mich das Kriterium der realen Anwendbarkeit und Geltung.

Ich halte nun zunächst zweierlei für völlig ausgeschlossen, was, wenn es zuträfe, den neuen Abmachungen das Gepräge der Unechtheit geben und die Aussicht auf ihre reale Geltung bis zur Hoffnungslosigkeit entkräften würde.

Ich meine einerseits die Möglichkeit unbesonnener, auf Kurzsichtigkeit oder taktischem Ungeschick beruhender Entschließungen einzelner Staaten, andererseits die hinterlistige Absicht, die Verträge zu brechen, wenn sie unbequem werden sollten.

Die Delegationen der Seemächte waren 1907 und 1909 zu gut vorbereitet, als daß sie sich gegenseitig hätten hinters Licht führen können, und die Verhandlungen dauerten zu lange und waren von ernsten und ausgedehnten Verhandlungen im Schoße der einzelnen Regierungen selbst zu sorgfältig gestützt, als daß Überrumpelungen möglich gewesen wären. Die Spieler kannten nicht nur die eigenen Karten, sondern auch diejenigen der Mitspieler.

Die Entschließungen der beiden Konferenzen sind die Frucht weiser Erwägung.

Die Konferenzbeschlüsse beruhen aber ebenso unzweifelhaft auf dem ernsten Willen der beteiligten Staatsregierungen, sich danach zu richten, sofern ihre Ratifikation erfolgt. Das Odium der Vertragsverletzung, die Nachteile des Treu- und Rechtsbruches, das Verdikt der öffentlichen Meinung wirken heute zu empfindlich, als daß auch der mächtigste Staat sich ihnen ohne ernste Gefährdung aussetzen könnte, oder gar mit jenem frivolen Vorsatz Verträge zu schließen sich unterfangen könnte. Vor allem ist die Kontrolle der neutralen Staaten zu bedenken, welche hier nicht nur Prinzipien, sondern schwerwiegende materielle Interessen zu vertreten haben und von deren Wohlwollen auch die stärksten Kriegführenden mehr oder weniger abhängen.

Wenn einige Pessimisten es auffallend finden, daß gerade Deutschland und England jetzt das Seekriegsrecht kodifizieren wollen, jene beiden Staaten, welche (aus sehr verschiedenen Gründen) bis 1899 völkerrechtlichen Abmachungen so entschieden abhold waren, so ist darauf hinzuweisen, daß die äußere Politik Englands seit 1902 auf der ganzen Linie verändert ist und sich von Gladstones „splendid isolation" gründlich abgewendet hat, sowie ferner, daß auch Deutschland die Bismarckische Tradition der völkerrechtlichen Ellenbogenfreiheit aufgegeben hat und mit fliegenden Fahnen zur Politik der völkerrechtlichen Verträge übergegangen ist. Beide Staaten gehen von ganz neuen Gedanken aus und werden geleitet von der Wertschätzung internationaler Rechtsordnung. Es ist nicht nur eine ungerechtfertigte moralische Herabsetzung, sondern eine Unterschätzung des politischen Weitblickes dieser Staaten, wenn man ihnen die Politik kurzsichtiger Hinterlist zutraut.

Hingegen kommt eine andere Art Mentalreservation bei den neuen Konventionen in Betracht, welche nicht verwerflich ist, und welche wahrscheinlich auch tatsächlich bei diesem oder jenem Beteiligten vorhanden ist. Ich meine den Gedanken, daß ein Teil der Unbequemlichkeiten, welche die seekriegsrechtlichen Vorschriften für die Kriegführenden mit sich bringen, dadurch an Schwere verliert, daß man die Übertretung mit Geld gut machen kann. Die Kompetenz des Oberprisengerichts ist (auch abgesehen von der amerikanischen „enquête de novo")*) ein Ventil, welches die Kriegführenden von den moralischen Folgen gewisser Völkerrechtsverletzungen bis zu einem gewissen Grade befreit und die Anwendung völkerrechtswidriger kriegerischer Maßnahmen zur Finanzfrage macht. Diese Art von Fragen wird im Kriege von mächtigen Staaten nicht schwer genommen. Pflichten, die sich schließlich auf sie reduzieren, kann man unbedenklich auf sich nehmen, wenn man dafür Vorteile gewinnt, welche garnicht mit Geld aufzuwiegen sind.

Auch diese Momente gehören zu den kalten Wirklichkeiten, welchen die Wissenschaft Rechnung zu tragen hat. Vor ihnen die Augen zu verschließen, entspräche der Klugheit des Vogel Strauß.

*) S. oben S. 9 ff.

XII.

In London waren, wie das Weißbuch vom 20. März 1909 bemerkt (das gleiche gilt natürlich vom Haag 1907) „die verschiedenen politischen, militärischen und wirtschaftlichen Interessen und Anschauungen sô vollständig vertreten, daß das Ergebnis über den Kreis der Konferenzteilnehmer hinaus als billiger Ausgleich allseitig anerkannt werden dürfte“.

Ich finde, daß dieses Urteil durch den Inhalt der Londoner Deklaration, je genauer man ihn erwägt, um so vollkommener bestätigt wird.

Das vorhin schon angedeutete Mißtrauen, als ob die Abmachungen nicht in der Absicht geschlossen werden sollten, sie zu halten, ist auch insbesondere im Hinblick auf England geäußert worden. Dieses Mißtrauen halte ich für gänzlich unbegründet. Es zu zerstören, ist meines Erachtens nichts geeigneter als der Nachweis, daß England an dem Zustandekommen der Londoner Deklaration ein so starkes Interesse hat, daß wie die Ratifikation so auch die Innehaltung der Vereinbarungen von seinem politischen Egoismus zu erwarten ist.

Ich glaube, daß dieser Nachweis unter anderem gestützt werden kann auf die Bedeutung, welche die Lebensmittelfrage für England hat.

Die Wichtigkeit der Lebensmittelzufuhr für Englands Kriegserfolge ist längst notorisch. Unter anderem wies im Jahre 1896 R. B. Marston in einem Buche: „War, Famine and our Food Supply“ auf die bei Ausbruch eines Krieges drohende Gefahr einer Hungersnot oder einer dieser in der politischen Wirkung sich nähernden Panik hin. Im April 1903 ist unter dem Vorsitz des Prinzen von Wales eine Regierungskommission („Royal Commission on Supply of Food and Raw Material in Time of War“) zusammengetreten, deren höchst eingehende Ermittelungen im Jahre 1905 in Gestalt eines dreibändigen Blaubuches publiziert wurden. Neuerdings (10. November 1909) hat sich die angesehene „Royal United Service Institution“ in London wieder eingehend mit der Frage befaßt.

Das statistische Ergebnis des zwischen der englischen Getreideproduktion und dem Getreideimport bestehenden Verhältnisses faßte der Berichterstatter in der zuletzt genannten Vereinigung dahin zusammen, daß von 5 Leib Brod, die in England gegessen werden, 4 Leib über See nach England kommen. Nach den mir vorliegenden sonstigen statistischen Ermittelungen ist das entweder eine Übertreibung, oder der Ausdruck für das Verhältnis der Produktion sämtlicher Arten von Lebensmitteln in England zu deren Einfuhr. Aber wenn das Verhältnis auch etwas anders ist, als der Berichterstatter es in der R. U. S. J. annahm; in der Hauptsache ist das beklagte Mißverhältnis vorhanden.

Die neueste englische Statistik (Statistical Abstracts 1894—1908, Cd. 4 805, London 1909) lehrt, daß die englische Getreideproduktion seit 1894 in einer wellenmäßig laufenden Linie gefallen ist:

1894	wurden in England produziert	60 704 382 Bushels
1898	„ „ „ „	74 885 280 „
1902	„ „ „ „	58 278 443 „
1904	„ „ „ „	37 919 781 „
1908	„ „ „ „	53 929 440 „

während der Gesamtkonsum der stark anwachsenden Bevölkerung bedeutend zugenommen hat.

Der Gesamt-Getreide-Import ist in derselben Zeit folgendermaßen gewachsen;

1894	. . . .	96 702 072 Cwts.
1898	. . . .	94 418 359 „
1902	. . . .	107 927 701 „
1904	. . . .	118 230 962 „
1908	. . . . , ...	109 144 893 „

An diesem Import sind beteiligt

1894:	Vereinigte Staaten von Amerika	mit	46 776 976 Cwts.
	Britisch Nordamerika . . . , .	„	4 488 822 „
	Argentinien	„	13 283 867 „
1898:	Vereinigte Staaten von Amerika	„	62 085 603 „
	Britisch Nordamerika	„	7 746 474 „
	Argentinien	„	4 020 900 „
1902;	Vereinigte Staaten von Amerika	„	64 961 474 „
	Britisch Nordamerika	„	12 226 490 „
	Argentinien	„	4 543 236 „
1908:*)	Vereinigte Staaten von Amerika	„	40 709 274 „
	Britisch Nordamerika	„	16 810 990 „
	Argentinien	„	31 837 297 „

*) Das Jahr 1904 lasse ich als ganz abnorm hier aus.

Die Food Supply Commission ist nun in ihren 1902 bis 1905 angestellten Ermittelungen zu dem Ergebnis gekommen, daß trotz der Abhängigkeit Englands von der Lebensmittelzufuhr über See die Lebensmittelfrage objektiv keinen Anlaß zur Beunruhigung gebe, da die englische Seemacht stark genug sei, um die Zufuhr auch in Kriegszeiten zu gewährleisten. Indessen betonte die Kommission (und darin stimmen alle englischen Sachverständigen überein), daß trotzdem mit der Gefahr einer Panik zu rechnen sei, welche im Kriegsfall infolge enormer Steigerung der Preise, insbesondere der Seeversicherungsprämien und damit der Seefracht- und Lebensmittelpreise eintrete. Dabei würde die preistreibende Spekulation eine Rolle spielen. Die vorsorgliche Anhäufung von Lebensmitteln bei Kriegsbeginn in den Händen der Kapitalisten und der reichen Konsumenten würde dem zu Hülfe kommen. England könne zwar selbst bei völliger Einschließung 6 Wochen ohne Zufuhr leben, und vermöge der Überlegenheit der englischen Seemacht werde die Lebensmitteleinfuhr nach 6 Wochen unter allen Umständen hergestellt sein. Dennoch aber müsse bei der großen Masse der Bevölkerung bei Kriegsbeginn nicht nur Panik sondern teilweise wirkliche „starvation" gefürchtet werden.

In England ist man darüber völlig einig, daß jener gefürchteten Panik vorgebeugt werden müsse. Über die Mittel ist man sehr verschiedener Meinung. Marston empfahl riesige Kornmagazine mit eisernen Beständen, also sozusagen Juliustürme für Getreide. Die Majorität der Food Supply Commission hat sich für ein „System of National Indemnity" erklärt, das heißt für Zusicherung staatlicher Schadloshaltung bei kriegerischer Wegnahme von Schiffen und Ladungen, die nach England gehen. In der Royal United Service Institution wurde jüngst befürwortet, daß durch eine Generalproklamation bei Kriegsbeginn alles Korn in englischen Schiffen und in englischen Häfen auf der ganzen Welt für England beschlagnahmt und nach England requiriert werde.

Keiner dieser Vorschläge hat großen Beifall gefunden. Die Hauptsache, nämlich die Wirkung, daß die englische Nation bewogen würde, an ein bestimmtes Remedium zu glauben, ist bislang ohne Zweifel nicht erreicht, und wahrscheinlich überhaupt nicht erreichbar.

Für die Abschneidung der Lebensmittelzufuhr nach England stehen nach geltendem Seekriegsrecht dem Kriegsgegner drei Mittel zur Verfügung:

1. Blokade;
2. Wegnahme der feindlichen Lebensmittel nach den Grundsätzen des Seebeuterechts;
3. Wegnahme der Lebensmittel als Kriegskonterbande.

Eine Blokade der gesamten englischen Küste oder der Haupthäfen ist tatsächlich durch Englands Seemacht ausgeschlossen.

Das Seebeuterecht kann und wird gegen Lebensmittel englischer Eigentümer auf englischen Schiffen uneingeschränkt geübt werden, so lange das Seebeuterecht besteht.

Das neutrale Getreide ist auch auf englischen Schiffen frei, wenn es nicht als Kriegskonterbande behandelt wird. Das gleiche gilt auf neutralen Schiffen sowohl für englisches wie für neutrales Eigentum. Nach bisherigem Recht kann Englands Kriegsgegner Lebensmittel für Kriegskonterbande erklären*) und somit auf englischen und neutralen Schiffen Lebensmittel wegnehmen, gleichviel wem sie gehören.

Nach der von der Londoner Deklaration beschlossenen Regelung dürfen Lebensmittel aber nur als relative Kriegskonterbande erklärt werden, das heißt, sie dürfen nur weggenommen werden, wenn sie kriegerische Bestimmung haben.**)

Das bedeutet, daß die Getreidezufuhr sowohl auf englischen Schiffen (das Eigentum muß dann nur einem Neutralen zustehen, was ja stets einzurichten ist), als auf neutralen Schiffen völlig unangefochten bleibt, soweit sie nicht kriegerische Destination hat.

Ein wirksameres Mittel gegen die gefürchtete englische Panik als das Bestehen und Bekanntwerden dieses Rechtszustandes gibt es, soviel ich sehe, nicht.

England gewinnt durch die Londoner Deklaration diejenige Sicherung, welche seit etwa 20 Jahren als die größte, als die unentbehrliche Voraussetzung ungehinderter Entfaltung seiner militärischen Macht zur See gilt und welche man trotz alles Suchens mit anderen Mitteln bisher vergeblich zu finden bemüht gewesen ist.

*) S. oben S. 15.

**) S. oben S. 25.

Die Erkenntnis der in der Londoner Deklaration wie im Haag zur Geltung gekommenen Dynamik der seekriegsrechtlichen Interessen ist in wenigen Punkten so leicht wie in diesem. Aber eine ganze Reihe ähnlicher Gesichtspunkte läßt sich doch unschwer erkennen. Und, wie gesagt, diese Art der Betrachtung ist geeignet, das Zutrauen zu dem großen Werk, das die Delegationen im Haag und in London geleistet haben, in jedem Sinne zu stärken. Wer vollends der Überzeugung ist, daß nicht der atlantische, sondern der stille Ozean den Schauplatz der gewaltigen Seekriege bilden wird, welche in den nächsten Jahrzehnten der Welt drohen, und daß der Schutz der Neutralen daher das Hauptinteresse aller europäischen Seestaaten bildet, die hier solidarisch sind — auch Deutschland und England — der wird zum völligen Glauben an das neue Recht gelangen.

Dem gegenüber muß die Wissenschaft mit weiterreichenden Postulaten an die humanitäre Fortbildung des Seekriegsrechtes einstweilen Halt machen. Daß Fortschritte in einer späteren Zeit möglich sind, darf gerade angesichts der überraschenden Erfolge der Jahre 1907 und 1909 erwartet werden. Zunächst aber gilt es für die Wissenschaft, in dem positiven Rahmen des neuen Rechtes der neuen Rechtsprechung voranzuleuchten.

Die Ratifikation der Londoner Deklaration und des Haager Prisengerichtsabkommens wird man feiern dürfen als die Volljährigkeitserklärung des Seekriegsrechtes, zugleich aber als einen hohen Triumph der rechtlichen Ordnung überhaupt, die hier ihr Banner aufpflanzt mitten im feindlichen Lager der Rechtsverneinung und es wagt, ihr Zepter über die Gewalten des Ozeans und der Kanonen zu setzen, so daß nicht mehr das Witzwort Wilhelms III. von England am Platze ist, der im Jahre 1689 auf die Beschwerde holländischer Schiffer über englische Gewalttat zur See erklärte, zur See gelte nur: „le droit canon“.

Druck von Otto Walter in Berlin S. 14.

FSC
www.fsc.org
MIX
Papier | Fördert
gute Waldnutzung
FSC® C083411

Kolibri 360 GmbH
Ferdinand-Jühlke-Straße 7
99095 Erfurt, Deutschland
produktsicherheit@kolibri360.de